THÉODORE BOTREL

A QUI LE NEVEU ?

COMÉDIE EN DEUX ACTES

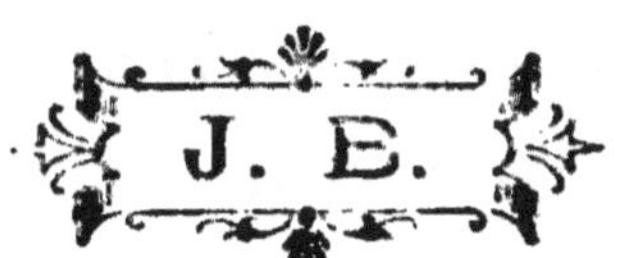

PARIS

J. BRICON, SUCCESSEUR DE SARLIT

19, RUE DE TOURNON, 19

MÊME LIBRAIRIE

PIÈCES POUR JEUNES GENS

ANTONY MARS

Barbotin et Picquoiseau, Comédie-vaudeville en 2 actes . 1 fr.

La Succession Beaugaillard, Comédie-vaudeville en 3 actes . . . . 1 fr.

A la Salle de police, Saynète comique . . . . 80 c.

Le Docteur Oscar, Comédie-vaudeville en 1 acte . . 1 fr.

Monsieur Gavroche, Comédie-vaudeville en 2 actes . 1 fr.

Quand on conspire! Opérette bouffe en 1 acte . . . 1 fr.

Tête folle, Comédie-vaudeville en 2 actes . . . . . . 1 fr.

Le Secret des Pardhaillan, Folie-vaudeville en 1 acte 1 fr.

CH. LE ROY-VILLARS

Le Gondolier de la Mort, Drame vénitien en 3 actes. 1 fr.

Les Piastres rouges, Drame espagnol en 3 actes . . 1 fr.

H. DENIZOT

L'Interprète, Comédie en 1 acte . . . . 80 c.

AUTEUR DU *Voyage à Boulogne-sur-Mer*

La Chasse à l'ours, Comédie en 3 actes. . . . . . . 80 c.

Les Crampons de sauvetage, Comédie en 4 actes . . 80 c.

J. LEDAY

Les Roches noires, Comédie en 1 acte . . . . . . 80 c.

(Sur demande, envoi franco du catalogue)

Beaugency. — Imp.

A MA MÈRE.

A QUI LE NEVEU ?

COMÉDIE EN DEUX ACTES

Représentée pour la première fois à la Société des Jeunes Gens du Gros-Caillou

Le 11 Février 1894.

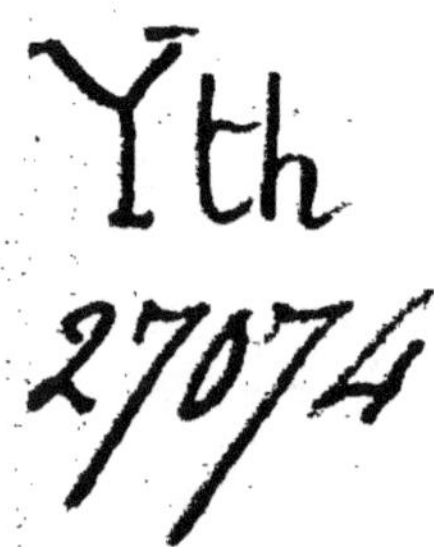

DU MÊME AUTEUR

LE POIGNARD

Drame en un acte, avec musique des chœurs et couplets . . . . 1 fr. »»

LES PIÈCES D'OR

Saynète en un acte. . . . . 0 fr. 50

UN BON MÉTIER

Saynète en un acte. . . . . 0 fr. 50

VOLEUR DE PAIN

Monologue . . . . 0 fr. 25

PAPA TRICOLORE

Monologue . . . . 0 fr. 25

LA SOUTANE

Monologue. . . . . 0 fr. 25

Beaugency — Imp. Laffray.

A QUI LE NEVEU ?

COMÉDIE EN DEUX ACTES

PAR

THÉODORE BOTREL

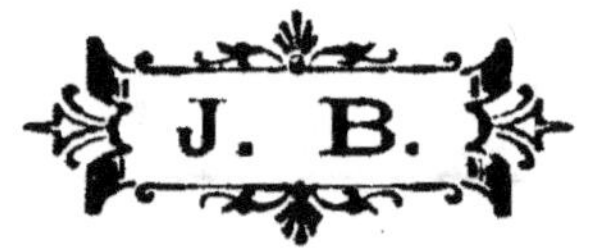

PARIS
J. BRICON, SUCCESSEUR DE SARLIT
19, RUE DE TOURNON, 19

1895

PERSONNAGES

BALOCHARD, 50 ans........ ...	E. Delcamp.
DUPITON, 50 ans..............	L. Porraz.
CYPRIEN, 25 ans.......... ...	E. Chevalier.
SOSTHÈNE, 25 ans.......	G. Chavanne.
GEORGES, 21 ans.............	L. Cament.
BENOIT, 21 ans...............	V. Godefroy.
THÉOBALD, 40 ans............	F. Reyne.
SATURNIN, 50 ans	A. Dieu.

La scène est à Paris de nos jours chez Balochard.

A QUI LE NEVEU ?

COMÉDIE EN DEUX ACTES

ACTE PREMIER

Un salon. — Porte au fond et portes latérales. — A droite, un guéridon. — Fauteuil, chaises, etc.

SCÈNE PREMIÈRE

BALOCHARD, *agitant violemment une sonnette au dehors et entrant furieux en continuant à sonner.*

Jean!... Jean!... où donc est-il cet animal? — Jean!... voilà une heure que je le demande à tous les échos ! — Jean!... je voudrais bien savoir où il a pu mettre ma calotte? (*Il l'a sur la tête.*) Jean!... il est encore descendu bavarder avec le concierge! — Sapristi de sapristi! c'est abracadabrant! (*Il sonne frénétiquement, puis s'arrête en riant.*) Ah! ah! ah! non, par exemple... c'est trop raide!... Ce n'est pas étonnant qu'il ne vienne pas... je l'ai flanqué à la porte avant hier!!! — Ma parole d'honneur je perds la tête! Vous ne trouvez pas? — Je suis timbré ... comme cette

lettre que je viens de recevoir. Un neveu qui vous tombe subitement sur le crâne... on l'aurait fêlé à moins. (*Lisant.*) « Mon cher Pancrace...» (*Avec fatui-*
« *té.*) Pancrace c'est moi ! (*Il salue.*) J'ai un fils âgé
« de 25 ans ; tu ne l'as pas vu depuis 18 années,
« mais ce qu'il promettait en son enfance il l'a tenu :
« il est timide et bête à rendre des points à une oie ;
« ce n'est pas un méchant garçon mais sa *physique*
« est peu agréable — en un mot il a beaucoup d'airs
« de famille avec toi... » (*A part.*) Bien flatté ! —
« Ainsi que tu m'en as déjà prié maintes et maintes
« fois je me décide à l'envoyer à Paris. Ton fils qui
« est étudiant se chargera de le dégourdir. Cela
« te dérange-t-il ? Non ? Je te l'envoie par le pro-
« chain courrier. Tout le monde va bien ici excep-
« té ma pauvre jument Biscotte qui a la morve.
« Espérant que la présente te trouve de même je te
« prie de me croire ton frère qui t'infectionne. — Signé :
« Anasthase Balochard. »

Et voilà ! — un hôte qui m'arrive à l'improviste et je n'ai pas de domestique ! — Le bureau de placement devait cependant m'en envoyer un ! Il y a de quoi s'arracher les derniers cheveux qui me restent. — Tiens ! ma calotte qui est retrouvée ! Je suis dans la nécessité de descendre chercher mon journal moi-même... Sapristi de sapristi ! c'est abracadabrant ! (*Il sort par le fond*).

SCÈNE II

GEORGES, *entrant en sonnant.*

Jean ! Jean ! où donc est-il, le misérable ! Jean ! mes

bottines?.. où diable a-t-il pu les fourrer? Jean! (*Il sonne avec fureur, puis éclate de rire.*) Non, par exemple, elle est bien bonne! Suis-je assez étourdi! — On l'a mis avant-hier à la porte... C'est insupportable d'être obligé de se servir soi-même; d'autant plus que je n'ai pas la tête à moi. Comment vais-je arriver à payer les deux mille francs que le père Jacobs ce vieil usurier de malheur m'a prêtés? Voilà plusieurs fois que je parviens à l'évincer mais d'un moment à l'autre... gare la bombe! Voyons du calme et récapitulons-nous, — qu'ai-je à chercher? deux choses : primo deux mille francs, — secundo mes bottines. — Cherchons d'abord le numéro deux afin de courir après le numéro un. (*Il rentre à gauche.*)

SCÈNE III

CYPRIEN, *seul.*

La scène reste vide un instant puis la porte du fond s'ouvre avec précaution et Cyprien, nu-tête, les cheveux hérissés, les vêtements en désordre, avance craintivement la tête.) Personne! — je suis sauvé! (*Il entre.*) Quelle aventure grand Dieu! (*Il tombe sur une chaise en s'épongeant le front.*) J'ai pu dépister adroitement les limiers lancés à ma poursuite. (*Se levant précipitemment.*) Du bruit! je suis perdu! Non, c'est le tic-tac tumultueux de mon cœur affolé! (*Il retombe sur une autre chaise.*) Je suis en nage! — Et cependant j'étais dans mon droit! (*Au public.*) Osez donc soutenir que je n'étais pas dans mon droit! Au fait vous n'êtes pas au courant. En quelques mots voici mon histoire: J'ai l'honneur de vous présenter en ma personne Cyprien Moulabrique, oui Moulabrique, nom bien prosaïque que j'ai depuis longtemps troqué contre celui de Cyprien de Châteauroux... ma ville natale... ça sonne mieux! Fils de parents honnêtes, mais riches et avares, je les quittai tout jeune pour venir à Paris... Quand je retournai au pays quelques années après, ils étaient partis pour le grand voyage et je me trouvai seul au monde... Pas d'amis, plus de famille! — Que faire? Je partis au régiment où je ne réussis pas mieux, avec mes habitudes bohêmes, que dans la vie civile. — J'ai fini mon temps l'année dernière et, rejeté sur le pavé parisien, je me suis fait domestique pour ne pas mourir de faim — j'ai déjà fait 63 places!

Or donc, voilà deux jours, j'entre en qualité de valet de chambre, chez un bourgeois portant le nom poétique de Dupiton. Ce matin, peu satisfait paraît-il de mon service, il veut me mettre immédiatement à la porte... je lui réclame les huit jours rigoureusement dûs... il refuse... la colère m'emporte (je suis très nerveux), je saute sur la tabatière qu'il tenait entre ses mains lui disant que je la lui rendrais lorsqu'il m'aurait payé mon compte. — Il m'appelle « voleur » — Oh! alors, je ne me contiens plus : ma main s'abat sur sa respectable joue, pif! — son pied riposte en plein dans mon honneur, paf! — je renouvelle, il renouvelle, nous renouvelons et, de coups de pied en coups de poing je finis par dégringoler l'escalier en même temps que l'irascible Dupiton qui me lâche aux dernières marches. Je me sauve — il se met à glapir : au voleur! à l'assassin! Les voisins et un sergent de ville, qui, par le plus grand des hasards, se trouvait là, se mettent à ma poursuite; — nous détalons à travers les rues et les boulevards ; — sur notre route, croyant à une course à pied, les paris s'engagent. — Enfin! n'en pouvant plus j'aperçois une porte cochère ouverte... je me précipite dans le vestibule, je grimpe l'escalier et, voyant cette porte entrebâillée j'entre et... me voilà! Ah! c'est égal si le sergent de ville n'avait pas eu de bottes!... Mais que vais-je devenir?... (*Bruit au dehors.*) Quelqu'un... je suis perdu... je suis perdu, où me mettre?... ah! ici... (*Il s'accroupit derrière le fauteuil.*)

SCÈNE IV

CYPRIEN, BALOCHARD.

BALOCHARD

C'est abracadabrant! j'ai laissé ma porte ouverte et dans la rue on recherche un terrible assassin qui, d'après ce que m'a raconté le commissionnaire du coin, a égorgé jusqu'à ce que mort s'ensuivit une dizaine de personnes... Dans quel siècle vivons-nous! (*Il s'assied sur le fauteuil*). De qui peut me venir encore cette lettre?
« Cher bon monsieur. — Notre fieu vient de tomber « à la conscreption qui s'en va-t-à Paris rejoindre le « régiment du bataillon de la compagnie qui se trouve « quasi tout proche chez vous. Comme c'est le frère « de lait de Monsieur Georges votre fieu nous nous « permettons de prendre la permission de nous per-

« mettre de vous l'envoyer car il ne connaît pas votre « grand village de Paris... Ma femme, mes trois fil- « les et mes quatre-z-autres gars se joignont à moi « pour vous serrer sur notre cœur. (*A part.*) Bien du « plaisir! — « Notre gars Benoît arrivera demain. « Signé : Polycarpe Grenu. » — Allons bon! encore un! on dirait qu'ils se donnent le mot — et je n'ai pas de domestique...

CYPRIEN, *à part.*

Si je pouvais filer sans être vu... (*Balochard se retourne.*) Pincé!...

BALOCHARD, *bondissant.*

Qu'est-ce que vous faites-là vous?

CYPRIEN, *bredouillant.*

Je me le demande... et... si vous pouviez me le dire...

BALOCHARD

Qui demandez-vous?

CYPRIEN

Qui je demande?

BALOCHARD

Oui. — Est-ce moi? Monsieur Pancrace Balochard?

CYPRIEN

Si c'est... vous... Monsieur Pancrace Balochard?

BALOCHARD, *à part.*

Au fait! c'est peut-être Benoît Grenu. (*Haut.*) Êtes-vous Benoît Grenu?

CYPRIEN

Benoît Grenu?

BALOCHARD

Oui... vous appelez-vous Benoît Grenu?

CYPRIEN

Jamais! jamais!... plutôt la mort!

BALOCHARD

Mais qu'est-ce qu'il a donc? Ah! suis-je stupide! Cet air craintif, embarrassé... c'est mon neveu! (*Haut.*) Que ne le disais-tu plus tôt! (*Il lui serre vigoureusement la main.*) Ce cher neveu! Comment t'appelles-tu déjà?

CYPRIEN, *ahuri.*

Cyprien...

BALOCHARD

Ce cher Cyprien! — J'ai reçu la lettre hier.

CYPRIEN

Ah! vous avez reçu la lettre... (*A part.*) Qu'est-ce qu'il me raconte?

BALOCHARD

Cela m'a fait bien plaisir..

CYPRIEN

Allons tant mieux, tant mieux!

BALOCHARD

Assieds-toi donc! tu dois être fatigué...

CYPRIEN

Ah oui! j'ai tant couru...

BALOCHARD

C'est gentil! l'impatience de me voir...

CYPRIEN

Oh! non! (*Se reprenant.*) Oui, oui, le plaisir...

certainement... (*A part.*) Disons comme lui... cela me fera gagner du temps...

BALOCHARD

Et tes parents vont bien?

CYPRIEN

Mes parents? Quels parents?

BALOCHARD, *à part.*

Il est bébête! (*Haut.*) Voyons... tes parents...

CYPRIEN

Ah oui! mes parents! je vous remercie... tout le monde va bien: mon père, ma mère, mon frère, ma sœur...

BALOCHARD

Comment ton frère, ta sœur? Tu es fils unique.

CYPRIEN, *à part.*

Aïe! aïe! (*Haut.*) Je veux dire... que mon frère et ma sœur... si j'en avais... se... se porteraient bien... voilà!

BALOCHARD, *à part.*

Il est bébête! (*Haut.*) Et Biscotte?

CYPRIEN

Biscotte? (*A part.*) Qui çà Biscotte? Ah! probablement la domestique... (*Haut.*) Oh! mon Dieu! vous savez, elle va toujours très bien...

BALOCHARD

Comment très bien? Ton père m'écrit qu'elle est malade...

CYPRIEN, *à part.*

Allons bon! (*Haut, navré.*) Ah oui! je crois bien

qu'elle est malade ! Cette pauvre Biscotte ! Le médecin est encore venu hier...

BALOCHARD, *le reprenant.*

Le vétérinaire...

CYPRIEN

Non, le médecin....

BALOCHARD

Mais non, le vétérinaire !

CYPRIEN, *à part.*

Après tout je veux bien ! (*Haut.*) On lui a mis des vésicatoires, des ventouses, — enfin, elle est obligée de garder la chambre !

BALOCHARD, *le reprenant.*

L'écurie !

CYPRIEN

Non, la chambre...

BALOCHARD

Mais non, l'écurie !

CYPRIEN, *à part.*

Après tout, je veux bien. (*Haut.*) C'est bien triste allez, de la voir clouée sur son lit de souffrance !

BALOCHARD, *le reprenant.*

Sa litière...

CYPRIEN, *à part.*

Ah ! décidément !...

BALOCHARD

Quel âge a-t-elle maintenant ?

CYPRIEN

Quel âge ? (*A part.*) Quelle drôle de conversation !

(*Cherchant.*) Voyons! oui... à peu près... de 40 à 60 ans.

BALOCHARD

Soixante ans, Biscotte! Tu es fou! — Elle a tout au plus 12 ans...

CYPRIEN, *vivement.*

C'est ce que je voulais dire...

BALOCHARD, *à part.*

Il est décidément très bébête! (*Haut.*) Ce sera une bien grande perte pour ton père...

CYPRIEN

Je crois bien! une si bonne personne!

BALOCHARD, *bondissant.*

Une bonne personne, Biscotte!

CYPRIEN, *à part.*

Allons bon! il paraît que ce n'est pas une bonne personne...

BALOCHARD

Biscotte! Une jument! une bonne personne! C'est abracadabrant!

CYPRIEN, *à part.*

Une jument! Quel impair! (*Haut riant d'un air gêné.*) Mais non... mais non! je n'ai pas voulu dire une bonne personne...

BALOCHARD

Comment?...

CYPRIEN

Ma langue a fourché... je... je voulais dire : une bonne perch'ronne, — c'est une percheronne! (*A part, s'épongeant.*) Ouf!

BALOCHARD, *à part.*

Décidément, il est plus que bébête, le fils de mon frère. (*Il se lève.*) Veux-tu te reposer un peu?

CYPRIEN

Ce n'est pas de refus. (*A part.*) J'en ai chaud!

BALOCHARD

Je vais te montrer ta chambre, la chambre d'amis, la chambre rose... Comme ça tu verras la vie en rose...

CYPRIEN, *à part.*

Ce ne serait pas trop tôt!

BALOCHARD

J'espère que tu la trouveras à ton goût...

CYPRIEN

Oh! je ne suis pas difficile!

BALOCHARD

Le lit est bon...

CYPRIEN

Tant mieux!

BALOCHARD

Le piano aussi...

CYPRIEN

C'est rare...

BALOCHARD

Oui, c'est un Érard. Aimes-tu le piano?

CYPRIEN

O mon Dieu! vous savez... beaucoup moins que le bifteck aux pommes et un peu plus que la guillotine.

BALOCHARD, *à part.*

Pas musicien! (*Haut.*) Et puis il y a deux ou trois

tableaux splendides : les cadres m'ont coûté six francs pièce ; je te recommande surtout la copie du « *Naufrage de la Méduse* » de Géricault, c'est son chef-d'œuvre !

CYPRIEN

Oh ! il a fait un tableau qui est encore bien plus célèbre !

BALOCHARD

Quel tableau ?

CYPRIEN

Les trompettes...

BALOCHARD

Quelles trompettes ?

CYPRIEN

Voyons... Les trompettes... de Jéricho !

BALOCHARD

Ah ! c'est juste ! (*A part.*) Il a l'air très calé en peinture. Allons viens ! je te présenterai ensuite à Georges...

CYPRIEN

Qui ça, Georges ?

BALOCHARD, *à part.*

Allons bon ! voilà qu'il recommence ! Mais qu'est-ce qu'il a donc ? (*Haut.*) Voyons, Georges, ton cousin... tu ne m'as même pas demandé de ses nouvelles...

CYPRIEN

Ah ! pardon. Et mon cousin va bien ? Et ma tante aussi ?

BALOCHARD

Comment ta tante ?... je suis veuf !

CYPRIEN, *à part.*

Je ne dis plus rien... je n'ai pas de chance.

BALOCHARD, *à part.*

C'est la fatigue. (*Haut.*) Allons, viens !

CYPRIEN

Je vous emboîte.. (*Balochard entre à droite.*) Dois-je rester en cette maison hospitalière et profiter du quiproquo quitte à m'esquiver quand le vrai neveu viendra, ou bien dois-je m'en aller et coucher cette nuit sous le Pont-Neuf? Jouons cela à pile ou face... c'est le meilleur moyen de trouver une solution. Si c'est face : je reste, si c'est pile : je me sauve. (*Il jette un sou en l'air.*) C'est pile !... tant pis, je reste ! (*Il entre à droite.*)

SCÈNE V.

GEORGES *seul*, PUIS THÉOBALD.

GEORGES, *venant de gauche.*

Impossible de mettre la main sur mes chaussures... Qu'ai-je bien pu en faire? Il me les faut, il n'y a pas à dire.... je ne puis pas sortir en pantoufles... et si je ne sors pas, mes deux mille francs ne viendront pas tout seuls dans ma poche. Ah ! si l'illustre auteur de mes jours me soupçonnait cette dette, je serais un homme mort ! (*On frappe.*) Pourvu que ce ne soit pas le père Jacobs ! (*Il va ouvrir.*) Dieu soit loué ! ce n'est pas lui !

THÉOBALD, *d'un ton sec et bref.*

Monsieur Georges Balochard?

GEORGES

C'est moi, monsieur!... Je vous salue...

THÉOBALD, *même jeu.*

C'est réciproque!

GEORGES, *avançant une chaise.*

A qui ai-je l'honneur?

THÉOBALD

Je me nomme Théobald...

GEORGES

Enchanté, monsieur, mais...

THÉOBALD

Associé de monsieur Jacobs...

GEORGES, *retirant la chaise.*

Ah! très bien...

THÉOBALD

Vous devez savoir ce qui m'amène?

GEORGES

Pas précisément... A quel titre?

THÉOBALD, *sortant un papier.*

A quel titre?... au porteur!

GEORGES

Je comprends...

THÉOBALD

Êtes-vous en mesure?

GEORGES

Hélas! non!

THÉOBALD

Alors ?

GEORGES, *avec colère.*

Que je voudrais donc avoir 50,000 fr. de rente !

THÉOBALD

Pourquoi faire ?

GEORGES

Tiens ! cette question ! pour ne rien faire !

THÉOBALD

Nous ne pouvons plus attendre... nous allons sévir.

GEORGES

Mais vous savez bien que je vous paierai... un jour ou l'autre.

THÉOBALD

Nous aimerions autant que ce ne fût pas l'autre. Alors ? c'est bien entendu ? vous ne pouvez régler votre dette ?...

GEORGES

Impossible...

THÉOBALD, *sèchement.*

Très bien ! Je vais de ce pas chez l'huissier ; mais permettez-moi de vous dire que l'on ne fait pas de dettes quand on sait ne pas pouvoir payer.

GEORGES, *furieux.*

Vous êtes un insolent !

THÉOBALD, *froidement.*

Payez vos dettes !

GEORGES

Vous me rendrez raison de cette insulte !

THÉOBALD

Payez d'abord !

GEORGES

Ah! prenez garde! J'ai trois ans de salle, Monsieur...

THÉOBALD, *ironique.*

Et moi je n'ai rien de sale, Monsieur!

GEORGES, *lui donnant un léger soufflet.*

Tenez ! Vous battrez-vous maintenant ?

THÉOBALD

Sachez Monsieur, que notre arme à nous, c'est le papier timbré !

GEORGES

Ah ! alors vous empochez la gifle ?

THÉOBALD

Si vous y tenez, je vais vous la rendre...

GEORGES, *reculant.*

Non, non! gardez !...

THÉOBALD

Mon petit Monsieur! vous aurez de mes nouvelles avant qu'il soit longtemps. (*Il sort avec calme.*)

GEORGES

Je ne suis pas pressé. Ah! ces usuriers! Quelle race ! Eh bien ! me voilà dans une jolie situation. J'ai une singulière façon de flatter mes créanciers. Si encore j'avais mes bottines! mais je ne les trouve pas! (*Il entre à droite, deuxième plan.*)

SCÈNE VI

SOSTHÈNE *seul*, PUIS SATURNIN.

SOSTHÈNE *(entrant timidement après avoir frappé deux ou trois fois. Il a une petite valise et un grand parapluie.)*

(*Sans lever les yeux*) : Pardon... excuse... je me suis permis de... parce que... tiens personne! Tant mieux, je préfère cela... ça me donnera le temps de me remettre. Je suis tout tremblant rien que de songer que je vais me trouver ici avec des étrangers... que je ne connais pas! Que c'est donc bête d'être timide comme ça! (*S'asseyant sur le coin d'une chaise sans lâcher la valise et le parapluie.*) Ah! quel voyage!... je suis éreinté, moulu, car je vais vous dire: je suis venu par un train de plaisir... De plaisir! quelle dérision! Nous étions quinze dans le même wagon. Comme mes voisins avaient encombré le filet, j'ai dû garder ma valise sur mes genoux... c'était mal commode!.. Et puis j'avais à ma gauche une bonne femme avec un gros poupon... la bonne femme s'endort, l'enfant roule sur moi, et comme ma timidité m'empêchait de réveiller la mère, j'ai fait le trajet avec le poupon sur mes bras... c'était mal commode! A ma droite, un vieux monsieur ronflait avec un cœur! et un bruit! et puis il avait le cauchemar... ou des puces, de sorte qu'il me bourrait de coups de poings et de coups de pieds... et comme ma timidité m'empêchait de réveiller le vieux monsieur, j'ai dû empocher toutes ses bourrades sans me plaindre... c'était mal commode! Autre chose : papa m'avait raconté qu'une fois il s'était trompé et, avec un billet de deuxième classe, il était monté dans les premières... on s'en aperçut et il dut payer la différence. Moi, j'avais des billets de deuxième aussi, mais, comme toutes les voitures étaient combles, j'étais monté dans les troisièmes... donc on devait naturellement me rembourser la différence. Malgré ma timidité, je me hasarde à réclamer en débarquant. On me rit au nez; j'insiste, on veut me faire arrêter... c'est vraiment honteux! Ah! les chemins de fer! Ah! les trains de plaisir! (*Bruit au dehors.*) Quelqu'un! peut-être mon oncle! Il me semble que je vais me trouver mal. Que c'est donc bête d'être timide comme ça!

SATURNIN *entrant par le fond une lettre à la main. — Accent auvergnat.*

Tiens! il n'est pas là le bourgeois?

SOSTHÈNE

Qui ça? le bourgeois?

SATURNIN

Mouchu Balochard... ch'est une lettre...

SOSTHÈNE

Vous êtes le portier?

SATURNIN, *indigné.*

Le portier!!! Non, jeune provinchial!

SOSTHÈNE

Pardon, Monsieur... je croyais...

SATURNIN, *noblement.*

Je suis le conchierge!

SOSTHÈNE

Ah! bon!

SATURNIN

Voichi mes uchetenchiles: le plumeau et le balai. Cheulement... je vais vous dire : je ne balaye pas et je n'épouchette jamais...

SOSTHÈNE

Pourquoi?

SATURNIN

Parche que j'ai des rhumatiches.

SOSTHÈNE

Des quoi?

SATURNIN

Des rhumatiches...Vous ne chavez pas le franchais!

SOSTHÈNE

Ah! des rhumatismes!

SATURNIN

Oui... des rhumatiches.

SOSTHÈNE

C'est bien gênant!

SATURNIN, *riant.*

Oh! cha n'empêche pas de lever le coude!

SOSTHÈNE

Ah! vous levez?... c'est peut-être pour ça...

SATURNIN

Du tout, foi de Chaturnin! Ainchi, j'ai des rhumatiches dans le bras gauche et je lève le coude de la main droite... vous voyez bien...

SOSTHÈNE

C'est tout de même malsain...

SATURNIN

Que voulez-vous ? ch'est plus fort que moi ! Ainchi, aujourd'hui, le temps est gris, n'estche-pas ? Eh bien ! j'en suis jaloux ! *(Il rit.)* Dites-donc, jeune provinchial, vous remettrez chette lettre au bourgeois...

SOSTHÈNE

Avec plaisir, monsieur le portier.

SATURNIN

Conchierge chi vous plaît ! (*Lui tendant la main.*) Au revoir ! chans rancune !

SOSTHÈNE

Aïe ! aïe ! vous me faites mal !

SATURNIN, *sortant.*

Chans rancune aucune !

SOSTHÈNE, *secouant sa main.*

Sans rancune, sans rancune... Il est bon encore, celui-là... Avec tout ça, mon oncle ne vient pas et...

SATURNIN, *entr'ouvrant la porte.*

N'oubliez pas la lettre, dites donc, jeune provinchial ! (*Il ferme la porte.*)

SOSTHÈNE

C'est convenu !... Mon oncle ne vient pas et je n'ose pas pénétrer plus avant...

SATURNIN, *même jeu.*

Dites-donc, j'oubliais : Quand vous deschendrez, vous entrerez dans la loge... nous boirons un petit coup... deux ou trois litres...

SOSTHÈNE

Mais...

SATURNIN

Chi, chi ! vous avez une bonne tête ! (*Lui tendant la main.*) Allons, au revoir !

SOSTHÈNE, *retirant sa main.*

Plus souvent !

SATURNIN, *vexé.*

Vous dédaignez ma pinche...

SOSTHÈNE, *lui tendant la main craintivement.*

Du tout, du tout, mais... (*Saturnin lui donne une vigoureuse poignée de main.*) Aïe, aïe, aïe !

SATURNIN, *s'en allant.*

Sans rancune aucune !

(*Il sort.*)

SOSTHÈNE

Ah ! l'animal ! comme il serre ! J'aurais dû lui refuser... mais je n'ai pas osé. — Que c'est donc bête d'être timide comme cela ! — Du bruit ! je vais tomber en défaillance !

SCÈNE VII

BALOCHARD, SOSTHÈNE.

BALOCHARD

J'ai installé mon neveu... il n'a pas l'air exigeant.

Par exemple, une chose qui me surpasse, c'est qu'il soit venu sans bagages... et sans chapeau ; les bagages sont peut-être à la gare, mais le chapeau? Après tout, c'est peut-être son habitude et... (*Apercevant Sosthène qui salue sans rien dire.*) Tiens! d'où sort-il celui-là ? — Bonjour, mon ami...

SOSTHÈNE, *gêné.*

Bon... bon... bonjour...

BALOCHARD

Sapristi ! c'est dur à sortir ! — Ah ! c'est mon Benoît Grenu. (*Haut.*) Vous êtes Benoît Grenu?

SOSTHÈNE

Be... Benoît Grenu ?

BALOCHARD

Oui, Benoît Grenu, je parle français, il me semble. (*Apercevant la lettre.*) Qu'est-ce que c'est que ça ?

SOSTHÈNE

Une... une.. lettre...

BALOCHARD

Je vois bien que ce n'est pas un omnibus...

SOSTHÈNE

Elle est... pour... pour vous.

BALOCHARD, *la prenant.*

Ah! bon! je vais savoir qui il est... (*Décachetant la lettre.*) Asseyez-vous, mon ami...

SOSTHÈNE

Je... je... ne suis pas... fatigué...

BALOCHARD

Restez debout alors !

SOSTHÈNE

Bien... (*Il s'assied. A part.*) Que c'est donc bête d'être timide comme ça !

BALOCHARD

Ah ! parfait !... c'est du bureau de placement... (*Lisant.*) « Monsieur, je vous adresse aujourd'hui un domestique. J'espère que vous en serez satisfait. Il n'est pas bien dégourdi, mais rempli de bonne volonté. » — C'est tout ce que je demande ! (*A Sosthène.*) Comment vous nommez-vous ?

SOSTHÈNE, *se levant.*

Sos... Sos... Sosthène...

BALOCHARD

Parfait ! Eh bien ! Sosthène, j'espère que nous nous entendrons. — Savez-vous bien travailler ?

SOSTHÈNE

Pas... trop !

BALOCHARD

J'aime cette franchise. Vous apprendrez. Vous ferez l'appartement ; — d'ailleurs, je ne serai pas trop difficile.

SOSTHÈNE, *à part.*

Papa m'a dit de me rendre utile... je veux bien.

BALOCHARD

Quant au prix...

SOSTHÈNE, *à part.*

Déjà ! Papa m'a dit de payer ma pension...

BALOCHARD

Voyons soixante-dix francs par mois, cela vous va-t-il?

SOSTHÈNE

Soixante-dix francs!

BALOCHARD

Mettons soixante-quinze...

SOSTHÈNE

Soixante-quinze francs!

BALOCHARD, *à part.*

Sapristi! il est exigeant.

SOSTHÈNE, *à part.*

Bigre! il est regardant l'oncle!

BALOCHARD

Voyons... dites votre prix vous-même.

SOSTHÈNE

Mais papa m'a dit que soixante francs suffisaient.

BALOCHARD, *surpris.*

Mais je disais soixante-dix! — Après tout, vous savez, je veux bien diminuer...

SOSTHÈNE

Vous voulez bien?

BALOCHARD

Mais comment donc!

SOSTHÈNE, *à part.*

Tiens, tiens! (*Haut.*) Alors... mettons cinquante seulement.

BALOCHARD, *ahuri.*

Mettons cinquante !

SOSTHÈNE, *à part.*

Si j'avais su, j'aurais dit quarante !

BALOCHARD, *à part.*

Par exemple ! voilà la première fois que je vois un domestique me demander une diminution de ses gages ! (*Haut.*) Otez votre veste et enfilez cet habit. Allons ouste !

SOSTHÈNE

Mais... je... je n'y tiens pas !

BALOCHARD

Ça se peut, mais moi j'y tiens beaucoup, et puis vous savez je ne suis pas méchant, mais je n'aime pas les répliques !

SOSTHÈNE, *à part.*

Il me coupe bras et jambes !

BALOCHARD, *tendant l'habit.*

Allons ouste !

SOSTHÈNE

Vous allez m'aider ?

BALOCHARD

Oh ! pardon, pardon, mon ami... A Paris, on parle toujours à la troisième personne...

SOSTHÈNE

A... la troisième personne ?

BALOCHARD

Oui !

SOSTHÈNE, *regardant de tous côtés.*

Mais... nous ne sommes que deux... où est-elle ?

BALOCHARD

Qui ça ?

SOSTHÈNE

La troisième personne...

BALOCHARD, *à part.*

Il est stupide !... (*Haut.*) Il faut dire : Monsieur va m'aider ?

SOSTHÈNE

Je dois... vous appeler Monsieur ?

BALOCHARD

Certainement !

SOSTHÈNE

Si ça vous fait plaisir... je veux bien...

BALOCHARD, *le reprenant.*

Si ça fait plaisir à Monsieur... (*Tendant l'habit.*) Allons ouste ! (*Sosthène, ne sachant comment se débarrasser de son parapluie et de sa valise, finit par la laisser tomber sur le pied de Balochard.*) Oye ! oye ! oye ! faites donc attention, sapristi !

SOSTHÈNE, *vivement.*

Ça ne fait rien ! (*Il enfile l'habit.*)

BALOCHARD

Comment ! ça ne fait rien ?

SOSTHÈNE

Non... il n'y a rien de fragile dans ma valise !

BALOCHARD

Par exemple ! c'est abracadabrant !

SOSTHÈNE

Non... c'est du linge. — Ah! j'oubliais de vous dire que papa m'a dit...

BALOCHARD, *sèchement,*

Ah! laissez-moi la paix avec votre papa, n'est-ce pas? (*A part.*) Il commence à m'agacer prodigieusement les nerfs!

SOSTHÈNE, *à part.*

Pas commode, l'oncle....

BALOCHARD

Vous demanderez à la cuisinière qu'elle vous montre votre chambre... elle est comme de juste au sixième étage.

SOSTHÈNE, *effrayé.*

Au sixième étage! (*A part.*) Et papa qui me disait toujours : Mon petit Sosthène, tu *descendras* chez ton oncle!

BALOCHARD, *ouvrant la porte de gauche 1er plan.*

Par ici la cuisine... (*Sosthène voulant reprendre sa valise, son parapluie, sa redingote n'y parvient qu'à grand'peine.*) Dieu! Que vous êtes maladroit!

SOSTHÈNE

Si ça fait plaisir à Monsieur... (*A part.*) O ma mère! Quelle réception! (*Il entre à gauche avec Balochard.*)

SCÈNE VIII

CYPRIEN *seul,* PUIS BENOIT.

CYPRIEN, *bien coiffé, bien pomponné.*

Ah! ça va mieux! Je viens de prendre mon chocolat ! J'ai trouvé une paire de bottines à mon pied... elles me vont comme un gant. Et puis j'ai fait connaissance avec Georges... mon cousin... un charmant jeune homme, nous sommes au mieux. Enfin ! je vais donc passer quelques heures dans la magnificence ! La société me doit bien cela !... Quelqu'un !

BENOÎT, *entrant par le fond. — Blouse par dessus sa redingote. — Son bagage au bout d'un bâton.*

Masié Balochard ? C'est-il que c'est ici ?

CYPRIEN

Parfaitement...

BENOÎT

Et ce serait-il vous par hasard que vous seriez le petit Balochard ?

CYPRIEN, *à part.*

Au fait ! Suis-je le petit Balochard ? (*Haut.*) Cela se pourrait bien.

BENOÎT, *tombant dans ses bras en gémissant.*

Ah !!! que je suis malhureux !!!

CYPRIEN, *voulant l'écarter.*

Permettez, permettez !

BENOÎT, *hurlant de plus belle.*

Qué malheur ! qué malheur !

CYPRIEN

Voyons, voyons... vous mouillez mon gilet... on prévient le monde... j'aurais pris mon parapluie.

BENOÎT

Ah ! masié Georges ! masié Georges !

CYPRIEN

Georges? ce n'est pas moi...

BENOÎT, *s'arrêtant.*

Vous n'êtes pas masié Georges?

CYPRIEN

Du tout, du tout! fermez les écluses!

BENOÎT

Excuse, alors... vous disiez que vous étiez le petit Balochard!

CYPRIEN

Certainement... je suis le petit Balochard sans l'être... vous comprenez?

BENOÎT

Sartainement. (*A part.*) Je comprends rien du tout!

CYPRIEN

Mais qu'avez-vous donc à crier comme un sourd et à vous déguiser en borne fontaine?

BENOÎT

Quoi qui gnia? Y gnia que je suis le plus misérable humain de l'humanité!

CYPRIEN

Pourquoi?

BENOÎT

Parce j'ai-z-u le luméro un!

CYPRIEN

A quelle loterie?

BENOÎT

A la circonscreption donc!

CYPRIEN

Ah! bon! Vous en avez pour trois ans alors!

BENOÎT

Oui! (*Hurlant.*) Ah! que je suis donc malhureux!

CYPRIEN

Ne vous désolez donc pas! on en revient!

BENOÎT, *même jeu.*

Qué malheur! qué malheur!

SCÈNE IX

LES MÊMES, SOSTHÈNE.

SOSTHÈNE, *venant de gauche.*

Ah! ces maisons de Paris! six étages! c'est haut! c'est haut!

CYPRIEN, *à part.*

Tiens, voilà le domestique! Il en a bien la tête! (*Il remonte.*)

SOSTHÈNE, *apercevant Cyprien et Grenu.*

Messieurs...

BENOÎT, *à Sosthène.*

C'est-il vous que vous êtes le petit Balochard?

SOSTHÈNE

Certainement!

BENOÎT, *se jetant à son cou.*

Ah! que je suis donc malhureux!

SOSTHÈNE, *se débattant.*

Vous m'étranglez ! Qu'est-ce que je vous ai fait ?

BENOÎT

Qué malheur ! qué malheur !

SOSTHÈNE

Lâchez-moi... ou je mords !

BENOÎT

Ah ! masié Georges ! masié Georges !

SOSTHÈNE

Je ne m'appelle pas Georges, vous faites erreur !

BENOÎT

Vous n'êtes pas Georges Balochard ?

SOSTHÈNE

Pas le moins du monde !

SCÈNE X

LES MÊMES, BALOCHARD, PUIS GEORGES.

BALOCHARD

Quel est ce bruit de lutte ? (*A Benoît.*) C'est vous qui faites tout ce tapage ? Qui êtes-vous ?

BENOÎT

Je suis Benoît Grenu.

BALOCHARD

Ah ! très bien ! (*Il lui serre la main. Appelant à droite.*) Georges ! ton frère de lait ! (*A Benoît.*) Et ce voyage ? S'est-il bien passé ?

BENOÎT

J'n'en savons rien !

BALOCHARD

Comment çà ?

BENOÎT

J'ai pleuré tout le temps ?

BALOCHARD

Drôle de distraction !

CYPRIEN

Peu rassurant pour les voisins...

BALOCHARD

En effet. (*A Sosthène.*) Eh bien ? Qu'est-ce vous faites-là les bras croisés ?

SOSTHÈNE

J'écoute...

BALOCHARD

Allez donc mettre la table...

SOSTHÈNE

La table ?

BALOCHARD

Dame ! si vous croyez que vous êtes ici pour ne rien faire ! Allons ouste !

SOSTHÈNE, *sortant à gauche.*

En voilà une réception !

GEORGES, *entrant, à Benoît.*

Ah ! c'est vous qui êtes Benoît Grenu ?

BENOÎT

Mais oui... le petit Benoît... vous ne me reconnaissez pas ?

GEORGES

Du tout.

BENOÎT

Comment !

GEORGES

Et vous ?

BENOÎT

Moi non plus... Ah ! masié Georges !

CYPRIEN

Gare aux grandes eaux !

BENOIT, *hurlant.*

Ah ! que je suis donc malhureux !

CYPRIEN

Çà y est ! Sauve qui peut !

BALOCHARD

Voyons, voyons, soyez homme, que diable ! (*A Cyprien.*) Il est naïf et timide...

CYPRIEN

Timide ? Je trouve plutôt qu'il est humide !

BALOCHARD, *riant.*

En effet ! (*A Benoît.*) Vous restez à déjeuner avec nous, puis vous irez ensuite à votre caserne...

BENOÎT

Qué malheur !

BALOCHARD, *respirant.*

Quelle drôle d'odeur ! vous ne trouvez pas !

CYPRIEN

Une fuite de gaz, sans doute.

BENOÎT, *frappant sur la poche de sa redingote.*

C'est peut-être bien moi...

BALOCHARD

Comment ça?

BENOÎT

Oui, j'vas vous dire : papa m'a donné trois fromages de cheux nous. Je les mis dans ma poche, mais je me suis assis dessus en route... une vraie bouillie quoi! Mais ça ne fait rien, ils n'en seront que meilleurs! Vous verrez çà!

BALOCHARD, *à part.*

Grand merci du cadeau! (*A Georges.*) Tu conduiras ton frère de lait à la caserne tantôt...

GEORGES, *à part.*

Et mes deux mille francs?

BALOCHARD

Et tu rentreras de bonne heure : ce soir Dupiton vient dîner...

CYPRIEN, *bondissant.*

Dupiton? vous avez dit Dupiton?

BALOCHARD

Mais oui.., tu le connais?

CYPRIEN, *vivement.*

Du tout... du tout...

BALOCHARD

Alors?

CYPRIEN

Rien... une idée!

BALOCHARD, *à part.*

Voilà que ça lui reprend... Mais qu'est-ce qu'il a donc ?

SOSTHÈNE, *entrant.*

Ça y est !

BALOCHARD

Quoi ? ça y est ?

SOSTHÈNE

La cuisinière m'a dit de vous dire...

BALOCHARD

A Paris, dans les grandes maisons, on dit toujours : « Madame est servie ».

SOSTHÈNE

Mais... il n'y a pas de dame !

BALOCHARD

Ça ne fait rien ; ça se dit tout de même : retenez-le !... Allons, mes amis, à table !

CYPRIEN

Avec plaisir. (*A part.*) Ce sera toujours un déjeuner d'attrapé, nous aviserons ensuite ! (*Il entre à gauche avec Georges.*)

BALOCHARD, *à Benoît qui reste sombre.*

Eh bien ! Benoît Grenu ? Dormez-vous ?

BENOÎT, *tressautant.*

Ah ! mon Dieu ! Que je suis donc malhureux ! (*Il entre à gauche.*)

SOSTHÈNE, *à part.*

Eh bien ! et moi ? Il ne me dit rien...

BALOCHARD, *à Sosthène.*

Sosthène !... Venez-vous ?

SOSTHÈNE, *souriant.*

Enfin ! il m'invite !

BALOCHARD

Et tâchez de servir à table proprement ! (*Il sort.*)

SOSTHÈNE, *le suivant, levant les bras au ciel.*

O ma mère ! Quelle réception !!!

ACTE DEUXIÈME

(*Même décor.*)

SCÈNE PREMIÈRE

CYPRIEN, SOSTHÈNE.

(*Cyprien, étalé dans le fauteuil, fume un cigare et lit un journal. — Sosthène essuie les meubles.*)

CYPRIEN, *à part.*

Comme cette vie me semble bonne!

SOSTHÈNE, *à part.*

Comme cette vie est dure!

CYPRIEN, *à part.*

Quel brave homme que ce monsieur Balochard!

SOSTHÈNE, *à part.*

Quel avare que mon oncle Balochard!

CYPRIEN, *à part.*

Il me traite comme son fils...

SOSTHÈNE, *à part.*

Il me traite comme son domestique!

ENSEMBLE, *tout haut.*

(*Cyprien.*) Quel bonheur!
(*Sosthène.*) Quel malheur!

CYPRIEN, *se retournant.*

Que dis-tu?

SOSTHÈNE

Je dis quelle chaleur! monsieur Cyprien ! (*A part.*) En voilà encore un qui ne me plaît qu'à moitié ! (*Il essuie de nouveau les meubles.*)

CYPRIEN, *à part.*

Seulement, il y a un seulement : comment cela finira-t-il? Hier soir, Dupiton n'est pas venu dîner, mais c'est un habitué de la maison et sous peu je le verrai apparaître comme le spectre de Banquo... Après tout, je suis bien sot de me casser la tête sur l'avenir au lieu de jouir tranquillement du présent. Advienne que pourra! (*Haut.*) Sosthène!

SOSTHÈNE

Quoi?

CYPRIEN

Apporte-moi une chaise!

SOSTHÈNE

Mais vous avez le fauteuil?

CYPRIEN

Ça ne fait rien! je veux une chaise. (*A part.*) En voilà un domestique stylé.

SOSTHÈNE, *apportant la chaise.*

Voilà!

CYPRIEN

Mets-la devant moi, là! (*Il pose ses pieds sur la chaise.*)

SOSTHÈNE, *à part.*

Ces Parisiens, il leur faut une chaise pour asseoir leurs pieds!

CYPRIEN

Veux-tu un cigare?

SOSTHÈNE

Je ne fume pas...

CYPRIEN

Pourquoi?

SOSTHÈNE

C'est mauvais pour la santé.

CYPRIEN

En es-tu bien sûr?

SOSTHÈNE

Si j'en suis sûr! Tenez, par exemple, regardez les cheminées : ce sont celles qui fument le moins qui vont le mieux!

CYPRIEN, *riant.*

Quel logicien!

SOSTHÈNE, *à part.*

Pourquoi rit-il?

CYPRIEN

Si tu ne fumes pas, tu dois priser?

SOSTHÈNE

Je l'avoue...

CYPRIEN

Je l'aurais parié! Après tout, tu me diras peut-être que ce sont les commissaires-priseurs qui se portent le mieux! (*Il lui offre une prise.*)

SOSTHÈNE, *prisant.*

Quel arôme!

CYPRIEN

Moi, je ne prise pas!

SOSTHÈNE

Pourquoi avez-vous une tabatière, alors?

CYPRIEN

Ça, ça ne te regarde pas. Au fait, prends-là, je t'en fais cadeau!

SOSTHÈNE

Ce n'est pas de refus. (*A part.*) J'avais l'intention de m'en payer une : toujours cela d'économisé! (*Il la met dans sa poche.*)

SCÈNE II

LES MÊMES, GEORGES.

CYPRIEN, *se levant.*

Comment va ce matin?

GEORGES

Pas bien! j'ai mal dormi!

CYPRIEN

Pourquoi?

GEORGES

Je vais te faire ma confession! Tu pourras peut-être me donner un bon conseil...

CYPRIEN

Vas-y, je t'écoute...

SOSTHÈNE, *s'approchant.*

Bonjour.

GEORGES, *vivement.*

Bonjour, bonjour!

SOSTHÈNE, *à part*

Pas aimable le cousin!

GEORGES, *à Cyprien.*

Voici : j'ai un grand besoin d'argent...

CYPRIEN

Aïe! aïe!

SOSTHÈNE

Oye, oye!

GEORGES, *à Sosthène.*

De quoi vous mêlez-vous? Allez donc voir dans la salle-à-manger si j'y suis.

SOSTHÈNE

Mais...

GORGES, *avec impatience.*

Ah! décidément...

SOSTHÈNE, *sortant.*

Je veux bien aller voir... mais je ne vous y trouverai certainement pas!

SCÈNE III

CYPRIEN, GEORGES, PUIS BALOCHARD, PUIS SOSTHÈNE.

CYPRIEN

Tu disais donc?...

GEORGES

Que j'ai des dettes...

CYPRIEN

Combien?

GEORGES

Deux mille francs de billets...

CYPRIEN

La date de l'échéance?

GEORGES

Hier.

CYPRIEN

Pas de temps à perdre alors!

GEORGES

En effet!.. Voici mon père: Pas un mot devant lui!

BALOCHARD, *entrant.*

Eh bien! mes enfants! Avez-vous bien dormi?

CYPRIEN

Très bien, merci et vous?

BALOCHARD

Comme un *noir*! Vous voilà une paire d'amis tous les deux...

GEORGES

Presque deux frères...

BALOCHARD, *bas à Georges.*

Un peu bébête n'est-ce pas?

GEORGES, *bas.*

Du tout! je l'ai trouvé extraordinairement spirituel.

BALOCHARD, *bas.*

Tu veux dire spirituel par extraordinaire. (*Haut.*) J'ai reçu un mot de Dupiton.

CYPRIEN

Aïe!

BALOCHARD

Quoi encore?

CYPRIEN

Rien! un élancement dans la dent!

BALOCHARD

Il n'a pu venir hier soir... Je ne sais pourquoi.

CYPRIEN, *à part.*

Je le sais bien, moi...

BALOCHARD

Mais il viendra certainement déjeuner avec nous aujourd'hui.

CYPRIEN, *sursautant.*

Allons bon!

BALOCHARD

Pourquoi allons bon?

CYPRIEN

Parce que la douleur s'arrête...

BALOCHARD

Ça reviendra...

CYPRIEN

Merci! Qu'est-ce que c'est que ce monsieur Dupiton?

BALOCHARD

Un ami d'enfance. Nous fûmes au collège ensemble, et nous y fûmâmes, toujours ensemble, notre première cigarette. Tu comprends bien qu'un ami pareil...

CYPRIEN

C'est sacré...

BALOCHARD

Non c'est encombrant! toujours sur mon dos... je

ne voudrais pas dire du mal de lui : un ami d'enfance! Mais entre nous il se croit quelque chose, il est fat et suffisant!

CYPRIEN, *riant.*

Ah! ah!

BALOCHARD

Et raseur! ah! raseur!

CYPRIEN

S'il rase gratis!

BALOCHARD

Du tout! faut lui payer à diner... Certes! je ne m'en plains pas : un ami d'enfance!

CYPRIEN

Certainement!

BALOCHARD

Enfin en quatre mots : c'est un vieux garçon!

CYPRIEN

C'est tout dire!

BALOCHARD

Et puis toujours à gémir sur son sort! Pas d'héritier! pense donc! quelle calamité!

CYPRIEN

Ce n'est ordinairement pas cela qui manque.

BALOCHARD

Il laissera tout à l'État!

CYPRIEN

Veinard l'État!

BALOCHARD

Figure-toi que depuis des années il court après un

sien neveu sur lequel il ne peut mettre la main. Il faudrait que le neveu se presse, car toute la fortune de l'oncle finira par passer dans la caisse des agences chargées de le découvrir. Aussi je te préviens d'avance, afin que tu ne sois pas étonné : son premier mot en voyant un étranger est de lui demander : n'auriez-vous pas rencontré sur votre route mon neveu Moulabrique ?

CYPRIEN, *bondissant*.

Moulabrique ! vous avez dit Moulabrique ?

BALOCHARD

Mais oui, Moulabrique... Pourquoi cette émotion ? Je prononce le nom de Dupiton, tu tressailles, je prononce celui de Moulabrique tu bondis ! je n'oserai plus rien dire...

CYPRIEN

Ce n'est rien !... C'est plus fort que moi... vous comprenez... ma dent...

BALOCHARD

Encore ! Je t'avais bien dit que ça reviendrait... (*Sosthène entre.*) Ah ! vous voilà !

SOSTHÈNE

Oui me voilà...

CYPRIEN, *à Balochard*.

Pardon... Voulez-vous que je descende vous chercher le journal ?...

BALOCHARD

Certainement. Je n'ai justement pas le temps le matin.

CYPRIEN

Bon ! je vais vous les monter.

BALOCHARD

Quoi donc?

CYPRIEN

Eh bien! *Le temps* et *Le matin.*

BALOCHARD

Du tout, du tout! Je ne lis que le *Journal des Actionnaires.*

CYPRIEN

Très bien. (*bas à Georges.*) Tu as besoin de deux mille francs dis-tu?

GEORGES, *bas.*

Oui,

CYPRIEN

J'ai une idée!... prète-moi cent sous!

GEORGES

Comment?

CYPRIEN

Prète moi cent sous... J'ai mon idée!

GEORGES

Voilà! (*Il les lui donne.*)
(*Cyprien sort par le fond, Georges par la droite.*)

SCÈNE IV.

BALOCHARD, SOSTHÈNE.

BALOCHARD, *à Sosthène.*

Je ne suis pas du tout content de vous...

SOSTHÈNE

Pourquoi?

BALOCHARD

Vous servez très mal à table...

SOSTHÈNE

Le manque d'habitude. Et puis si vous croyez que...

BALOCHARD, *l'interrompant.*

Je vous ai déjà dit que je n'aimais pas les répliques. Hier soir j'ai trouvé des cheveux dans mon potage...

SOSTHÈNE

Vous pouvez être tranquille... c'étaient les miens!

BALOCHARD

A l'avenir gardez-les pour vous, ou servez-les moi dans un médaillon. Et puis vous êtes mal coiffé...

SOSTHÈNE

J'ai oublié mon peigne...

BALOCHARD

Pas rasé...

SOSTHÈNE

J'ai oublié mon rasoir...

BALOCHARD

Ne suis-je pas là? Je vous en aurais prêté un. Vous avez les mains sales...

SOSTHÈNE

Ça m'étonne, je viens de rincer les verres.

BALOCHARD

Pas d'observations n'est-ce pas? J'en fais mais je n'en reçois pas!

SOSTHÈNE

Mais enfin...

BALOCHARD

J'en fais et je n'en reçois pas! (*Il entre à droite.*)

SCÈNE V

SOSTHÈNE, *seul*, PUIS DUPITON.

SOSTHÈNE

De mieux en mieux! si ça continue comme ça, je vais écrire à papa. Il m'avait bien dit : ton oncle est un peu maniaque, mais il a de bons moments. J'ai vu ses manies, mais j'attends encore ses bons moments... et ils ne viennent pas! Si j'osais, je lui dirais son fait... en deux mots... mais voilà je n'ose pas : que c'est donc bête d'être [illegible]nide comme ça!

(*Dupiton entre, il a un œil poché*).

DUPITON, *à Sosthène.*

Frontin! où est ton maître? (*Sosthène regarde de tous côtés sans répondre.*) C'est à toi que je m'adresse. Où est Balochard?

SOSTHÈNE

Pardon, je ne m'appelle pas Frontin...

DUPITON

Je me l'imagine, mais je préfère t'appeler ainsi, c'est plus distingué! (*A part.*) Tous les gens riches appellent ainsi leurs domestiques... et leurs chevaux!

SOSTHÈNE

Monsieur Balochard est dans sa chambre.

DUPITON

Dis-lui que je suis là. Au fait tu ne me connais pas, je suis l'ami Dupiton!

SOSTHÈNE

Très bien. (*Sortant à droite et criant :*) C'est l'ami Dupiton qui vous demande !

DUPITON

Par exemple ! En voilà une façon d'annoncer les gens ! Ah ! les bons domestiques sont bien rares par le temps qui court, j'en sais quelque chose ! (*Il se frotte l'œil.*)

SOSTHÈNE, *revenant.*

Monsieur Balochard va venir tout à l'heure...

DUPITON, *s'asseyant.*

Qu'a-t-il dit ?

SOSTHÈNE

Il s'est écrié : Déjà ! Qu'il aille s'asseoir !

DUPITON

J'y suis. Ce brave Balochard ! Il est d'une prévenance pour moi !

SOSTHÈNE

Pardon Monsieur... En attendant monsieur Balochard ne pourriez-vous pas me faire la barbe ?

DUPITON

La barbe ? Te faire la barbe ! Par exemple !

SOSTHÈNE

Dame ! puisque c'est votre métier...

DUPITON

Mon métier ? jamais de la vie !

SOSTHÈNE

Je vous demande pardon ! je croyais !... J'ai entendu monsieur Georges s'écrier : Voilà le raseur !

DUPITON

Raseur! Il a dit raseur! Tu en es bien sûr?

SOSTHÈNE

Aussi *sûr* que du vinaigre!

DUPITON

Par exemple! Ils vont bien les jeunes gens d'aujourd'hui! Frontin! (*Sosthène ne répond pas.*) Frontin!

SOSTHÈNE

Monsieur, je vous en prie, si vous tenez à me nommer ainsi, appelez-moi : Sosthène Frontin!

DUPITON

Sosthène! c'est un nom commun!

SOSTHÈNE

Pardon, c'est un nom propre!

DUPITON

Dis-moi, y a-t-il un journal par là?

SOSTHÈNE

Pas un seul!

DUPITON

Tant pis! Je vais fumer une pipe alors. (*Il se fouille.*) Sac à papier! j'ai oublié ma pipe! et ce brigand qui m'a volé ma tabatière!

SOSTHÈNE

Désirez-vous une prise?

DUPITON

Merci! je ne te demande rien. (*A part.*) Et pourtant je n'ai pas prisé depuis hier. (*A Sosthène.*) Oui, donne m'en une!

SOSTHÈNE, *offrant sa tabatière.*

Vous allez voir quel arôme !

DUPITON, *reconnaissant sa tabatière.*

Ma tabatière ! (*Il veut la prendre.*)

SOSTHÈNE, *reculant.*

Jamais de la vie !

DUPITON

C'est un complice ! (*Il saisit Sosthène à la gorge*). Ah ! scélérat ! Ah ! chenapan ! je t'étranglerai ! veux-tu que je t'étrangle, dis ?

SOSTHÈNE, *se débattant.*

Je ne veux pas ! Lâchez-moi !

SCÈNE VI.

LES MÊMES, CYPRIEN.

CYPRIEN, *entrant avec le journal et un petit paquet.*

Que vois-je ? Un pugilat ! (*Il s'élance.*) Arrêtez ! (*A part.*) Ciel ! Dupiton ! (*Il cache sa figure avec ses mains.*)

DUPITON, *lâchant Sosthène.*

Où est ma canne ? ne bouge pas...

SOSTHÈNE

Non ! je ne bouge pas ! (*Il se sauve.*)

DUPITON, *sa canne à la main.*

Je te pulvériserai ! je te trainerai devant les tribunaux ! je te ferai guillotiner !

(*Pendant ce temps, Cyprien s'est enveloppé la tête dans

son mouchoir et a mis les lunettes que Balochard avait laissées sur la table).

CYPRIEN

Calmez-vous, monsieur ! calmez-vous !

DUPITON, *à part.*

De quoi s'occupe-t-il, celui-là? (*Haut.*) Pardon je n'ai pas l'honneur...

CYPRIEN

Je suis le neveu de monsieur Balochard...

DUPITON

Et moi je suis son ami intime !

CYPRIEN

Monsieur Beaupiton, peut-être ?

DUPITON

Pardon, Dupiton !

CYPRIEN

Beau tout de même !

DUPITON, *saluant.*

Monsieur ! (*A part.*) Il a de l'esprit ce jeune homme ! (*Haut.*) Ah ! Balochard est bien heureux d'avoir un neveu !

CYPRIEN

Monsieur n'a probablement pas le bonheur d'être oncle ?

DUPITON

Mon Dieu ! je suis oncle sans l'être. Au fait ! n'auriez-vous pas rencontré sur votre chemin, mon neveu Moulabrique ?

CYPRIEN

J'ai vu bien des moules et bien des briques, mais ils ne semblaient pas être de votre famille...

DUPITON

Désolé ! Si par hasard...

CYPRIEN

Je ne manquerai pas ! J'en ferai part à mes amis et connaissances.

DUPITON

S'il vous plaît. (*A part.*) Charmant, charmant, ce jeune homme !

SCÈNE VII

LES MÊMES, BALOCHARD.

BALOCHARD, *entrant.*

Pardon de t'avoir fait attendre !

DUPITON

Ça ne fait rien ! j'étais en la société de ton neveu...

BALOCHARD

Ah ! ah ! gentil n'est-ce pas ?

DUPITON

Savoureux ! tu as bien de la chance !

BALOCHARD

Voyons ! ne commence pas tes jérémiades. (*A Cyprien.*) Eh bien ! cette dent ?

CYPRIEN

Toujours la même chose!..

DUPITON

J'ai eu mal aussi voilà quelque temps !

BALOCHARD, *riant.*

Tu as donc encore des dents !

DUPITON, *vexé.*

T'es bête !... Alors savez-vous ce que j'ai fait?

BALOCHARD

Tu l'as fait arracher et cela t'a coûté trois francs?

DUPITON

Du tout, je l'ai fait plomber.

BALOCHARD

Et cela t'a guéri ?

DUPITON

Pas le moins du monde! mais cela m'a coûté vingt francs...

BALOCHARD, *à Cyprien.*

Avis aux amateurs !

CYPRIEN

Merci du conseil !

BALOCHARD, *à Dupiton.*

Et quoi de nouveau chez toi?

DUPITON

Ah ! mon pauvre ami ! figure-toi que j'ai lancé tous les agents à ses trousses sans pouvoir le retrouver...

BALOCHARD

Te voilà encore avec ton neveu? c'est fastidieux !

DUPITON

Mais non ! je te parle de mon voleur ! C'est vrai, tu n'es pas au courant. On m'a battu hier...

BALOCHARD

Ah !

DUPITON

Et on m'a volé...

BALOCHARD

Quoi ?

DUPITON

Ma tabatière.

BALOCHARD

Qui ?

DUPITON

Mon domestique.

CYPRIEN

Il était donc cuisinier ?

DUPITON

Pourquoi ?

CYPRIEN

Pour vous avoir ainsi assaisonné votre œil au beurre noir...

DUPITON

Ça se voit ?

CYPRIEN

Un peu ! (*A part.*) J'ai vraiment des regrets ! ce pauvre oncle !

DUPITON

Es-tu bien sûr de ton nouveau domestique ?

BALOCHARD

Pourquoi ça ?

DUPITON

Parce que... (*A part.*) Ne disons rien encore et observons. (*Haut.*) Parce que... après ce qui m'est arrivé...

BALOCHARD

Oh ! je ne crains rien !

DUPITON

Ah ! si j'avais eu mon neveu, il m'aurait défendu ! J'ai envie de le bassiner...

BALOCHARD

Qui ça, ton neveu ?

DUPITON

Non, mon œil.

BALOCHARD

Passe par ici... (*Dupiton entre à droite.*)

SCÈNE VIII

BALOCHARD, CYPRIEN, PUIS GEORGES.

BALOCHARD

Qu'en dis-tu ?

CYPRIEN

Le portrait que vous m'en avez fait est fidèle.

BALOCHARD

Il est laid, n'est-ce pas, et il l'a toujours été...

CYPRIEN

En effet, ce n'est pas une beauté !

BALOCHARD

Eh bien ! ce qui me renversait au collége, c'est qu'on lui donnait toujours le prix de physique. (*A Cyprien.*) Ah ! voilà mon journal. Merci ! (*Georges entre.*)

GEORGES, *bas à Cyprien.*

Eh bien?

CYPRIEN, *bas.*

Ça marche ! Tu auras tes deux mille francs ou j'y perdrai le latin... que je ne sais pas. — Tu n'as pas l'air enthousiasmé ?

GEORGES, *bas.*

Laisse-moi sonder un peu mon père avant de rien faire...

CYPRIEN, *bas.*

Comme tu voudras ! Suis-je de trop ?

GEORGES, *bas.*

Non, non, reste, (*A Balochard.*) Dis-moi papa ! je voudrais te dire un mot ?

BALOCHARD

Vas-y.

GEORGES

Que dirais-tu si je venais t'annoncer que j'ai des dettes ?

BALOCHARD

Je ne sais pas ce que je dirais, mais je sais bien ce que je ferais !...

GEORGES

Et... que ferais-tu ?

BALOCHARD

Tu tiens à le savoir ?

GEORGES

Oui.

BALOCHARD

Je ne paierais pas tes dettes d'abord, je te donnerais la liberté et ensuite je te couperais radicalement les vivres. Tu comprends ?

GEORGES

C'est assez clair. Mais est-ce bien d'un bon père ?

BALOCHARD

Voudrais-tu dire par hasard...

GEORGES

Je ne veux rien dire, mais je trouve le procédé blâmable...

BALOCHARD

Par exemple !

GEORGES

Et il me semble que si j'avais un fils dans une semblable impasse je ne l'abandonnerais pas ainsi...

BALOCHARD, *brusquement.*

Assez ! As-tu des dettes ?

GEORGES

Non je n'en ai pas...

BALOCHARD

C'est donc pour celles futures que tu t'inquiètes ?

GEORGES

Parfaitement...

BALOCHARD

Eh bien ! tu connais mon opinion : je n'en démordrai pas...

GEORGES

Je me tiendrai pour averti mais cela ne m'empêche pas...

BALOCHARD

Tais-toi! en voilà assez! Je n'aime pas qu'on me tienne tête. Je ne me serais jamais permis de tenir tête à mon père!

GEORGES

Ah! ton père! ton père!

BALOCHARD

Eh bien quoi mon père? Il valait cent fois mieux que le tien! (*Il sort.*)

SCÈNE IX

CYPRIEN, GEORGES.

CYPRIEN

On ne le lui fait pas dire!

GEORGES

Tu as entendu?

CYPRIEN

Oui, faut-il agir?

GEORGES

Agis! as-tu besoin de moi?

CYPRIEN

Pas le moins du monde!

GEORGES

Veux-tu m'expliquer, tout au moins?

CYPRIEN

Après! quand le tour sera joué.

GEORGES

A ton aise. Merci d'avance!

CYPRIEN

Oh! il n'y a pas de quoi! (*Georges entre à droite*)

SCÈNE X

CYPRIEN, *seul*

Mon plan est d'une simplicité enfantine il n'en réussira que mieux. A l'œuvre! (*Il remonte et regarde dans l'antichambre.*) Le pardessus et le chapeau de mon oncle sont dans l'antichambre, tout va bien. (*Il sort.*)

SCÈNE XI

SOSTHÈNE *seul*, PUIS BENOIT, PUIS DUPITON, PUIS BALOCHARD.

SOSTHÈNE, *entrant timidement.*

Il n'est pas là? je puis me risquer. Ce n'est pas que j'aie peur mais ça pourrait lui reprendre. Décidément je commence à croire que je suis tombé dans une maison de fous, j'en ai vu de grises depuis hier. Est-ce l'air de Paris qui veut ça? Et papa qui veut venir voir la Tour Eiffel! C'est moi qui vais lui écrire de ne pas se déranger!

BENOÎT, *en soldat, tenue du matin, petite veste, un paquet à la main.*

Bonjour la compagnie — me v'la-z-équipé!

SOSTHÈNE

Ah! c'est vous l'homme aux fromages! Empestaient-ils assez vos fromages!

BENOÎT

Oui, mais quelle saveur! En avez-vous goûté?

SOSTHÈNE

Non, non! on les a mis précieusement dans une boîte...

BENOÎT

Ah! tant mieux! ils se conserveront bien!

SOSTHÈNE, *à part.*

S'il savait que c'est dans la boîte aux ordures! (*Haut.*) Et vous voilà déjà libre?

BENOÎT

Jusqu'à une heure — j'en ai profité pour apporter ici ma blouse, mon pantalon et ma belle reguingotte... (*Il dépose son paquet.*)

SOSTHÈNE

Êtes-vous un peu consolé?

BENOÎT

Ça viendra à la longue... et puis je vais vous dire, pour me mettre de la joie au cœur les nouveaux camarades m'ont offert la goutte ce matin.

SOSTHÈNE

Ils vous ont offert?

BENOÎT

Mais oui, ils m'ont offert... de-payer. Nous avons

donc trinqué, puis retrinqué, puis reretrinqué, après je quitte la caserne, j'arrive ici, je rencontre en bas le portier.

SOSTHÈNE, *machinalement.*

Conchierge, chi vous plaît!

BENOÎT

Je veux bien! Donc le conchierge m'invite lui aussi à prendre quelque chose, il me fait entrer dans son salon....

SOSTHÈNE

Oh! son salon!

BENOÎT

Oui, oui son salon. C'est mieux qu'ici...

SOSTHÈNE

C'est la mode à Paris!

BENOÎT

Je n'ose pas refuser, nous trinquons...

SOSTHÈNE

Puis vous retrinquez...

ENSEMBLE

Puis { vous reretrinquez!
nous reretrinquons!

BENOÎT

Eh bien! voyez-vous c'est le meilleur remède contre la tristesse ou la timidité!

SOSTHÈNE

Je ne suis plus étonné de vous voir si gai...

BENOÎT

Pour lors, ousqu'est l'papa Balochard?

SOSTHÈNE

Dans sa chambre.... (*Dupiton entre.*) Le voilà, sauve qui peut ! (*Il se sauve à gauche.*)

DUPITON

Ah ! brigand, je t'attraperai bien va ! (*Il entre à gauche en courant.*)

BALOCHARD, *courant après lui.*

Eh bien ! Eh bien ! où vas-tu ? (*Il entre à gauche*).

BENOÎT, *stupéfait.*

Monsieur Balochard ! Monsieur Balochard ! (*Il entre à gauche. (La scène reste vide un moment, puis Sosthène entre en courant par le fond.*)

SOSTHÈNE

C'est un tigre ! il veut encore m'étrangler ! (*Il entre à droite, premier plan.*)

DUPITON

Chenapan ! je ne lâche pas ta piste ! (*Il entre à droite*).

BALOCHARD

Dupiton ! Dupiton ! Es-tu fou ? (*Il entre à droite.*)

BENOÎT

Monsieur Balochard ? Monsieur Balochard ? (*Il entre à droite. La scène reste vide un moment.*)

SCÈNE XII

DUPITON, SOSTHÈNE, PUIS CYPRIEN.

SOSTHÈNE, *rentrant à droite, 2e plan.*

Je n'en puis plus ! (*Il butte contre une chaise.*)

DUPITON, *le saisissant au collet.*

Ah! Ah! faquin! maraud, maroufle! pendard! gibier de potence! (*A part, tout en secouant Sosthène.*) Je connais mon répertoire classique, hein?

SOSTHÈNE, *se débattant.*

Mais enfin que me voulez-vous? Je ne vous connais pas...

DUPITON, *le secouant.*

Ce que je te veux?...

CYPRIEN, *fausse-barbe, chapeau, pardessus.*

Monsieur Dupiton, s'il vous plaît?

DUPITON, *se retournant.*

Hein?

SOSTHÈNE, *se sauvant.*

Sauvé! Merci mon Dieu!

DUPITON

Vous demandez monsieur Dupiton?

CYPRIEN

J'ai cet honneur...

DUPITON

Que lui voulez-vous?

CYPRIEN, *mystérieusement.*

L'entretenir confidentiellement d'une affaire des plus importantes...

DUPITON

Vous me faites frémir... De quoi s'agit-il? Je vous écoute...

CYPRIEN

Seriez-vous par hasard l'illustre monsieur Dupiton...

DUPITON, *saluant.*

Je suis par hasard l'illustre monsieur Dupiton...

CYPRIEN, *continuant.*

Monsieur Dupiton primé trois années de suite au concours des animaux gras ?

DUPITON, *fièrement.*

Pour ses porcs... Oui Monsieur !

CYPRIEN, *continuant.*

Monsieur Dupiton, l'inventeur distingué et le propagateur intelligent de l'engrais économique et concentré ?

DUPITON, *fièrement.*

A base de Lubin... oui Monsieur...

CYPRIEN

Permettez, monsieur, à l'humble admirateur de votre mérite et de vos travaux de déposer à vos pieds ses respectueux hommages...

DUPITON, *s'inclinant très bas.*

Trop honoré Monsieur ! (*A part.*) Sac à papier ! j'ai cassé ma bretelle ! (*Haut.*) Mais pardon, Monsieur, pourrais-je savoir...

CYPRIEN

Mon nom ? Peu vous importe. Mon titre suffira pour vous inspirer confiance. Je suis agent principal de la société Cacoche et Tricollet, la sécurité des familles, renseignements sur toutes affaires et individus, célérité, discrétion...

DUPITON, *avec un cri.*

J'y suis ! Vous m'apportez des nouvelles de mon

neveu? (*Il s'assied.*) Permettez-moi de m'asseoir, l'émotion me coupe les jambes...

CYPRIEN

Remettez-vous...

DUPITON, *haletant.*

Alors... vous m'apportez de bonnes nouvelles...

CYPRIEN

De fort bonnes...

DUPITON

Il est... retrouvé ?

CYPRIEN

Il est retrouvé !

DUPITON

Vivant ?

CYPRIEN

Comme vous et moi, Cyprien Moulabrique, un beau garçon de vingt-cinq ans...

DUPITON

Il me ressemble, n'est-ce pas ?

CYPRIEN

Un peu ! un tout petit peu !

DUPITON

Que fait-il ? où est-il ? que j'y coure !

CYPRIEN

Ah pardon ! avant de vous donner ce renseignement il vous reste à remplir une petite, toute petite formalité...

DUPITON

Quelle formalité ?

CYPRIEN

Une formalité... pécuniaire.

DUPITON

Ce n'est que juste ! Et à combien se monte cette formalité ?

CYPRIEN

A 1999 francs 95 centimes.

DUPITON

Pourquoi pas 2000 francs tout ronds ?

CYPRIEN, *noblement.*

Nous n'avons pas pour habitude de demander aux clients plus qu'ils ne nous doivent !

DUPITON

Quelle honnêteté scrupuleuse ! (*Haut, tirant son portefeuille.*) Tenez, voici 2000 francs...

CYPRIEN, *cherchant dans sa poche.*

Ai-je de la monnaie ? Ah oui !

DUPITON

Non non ! gardez le surplus.

CYPRIEN

Du tout !

DUPITON

Vous m'obligerez...

CYPRIEN, *noblement.*

Je verserai donc cette différence au bureau de Bienfaisance de mon arrondissement !

DUPITON

Eh bien ! maintenant... l'adresse ?

CYPRIEN

La réponse sera fort courte, la voici : Votre neveu Cyprien Moulabrique est en ce moment sous le même toit que vous, chez votre ami Monsieur Balochard...

DUPITON

Chez Balochard ? Et depuis quand ?

CYPRIEN

Depuis hier matin ! (*S'inclinant.*) Monsieur, recevez mes respects... Non non, ne vous dérangez pas, je connais le chemin... (*Il sort par le fond.*)

SCÈNE XIII

DUPITON *seul*, PUIS GEORGES.

DUPITON

Mon neveu ! mon neveu ! Enfin, je vais donc avoir comme les autres un bâton de vieillesse ! Et il est sous le même toit que moi ! Et je l'ai peut-être vu, je lui ai peut-être causé sans le deviner... Oh non ! la voix du sang m'aurait crié : c'est lui ! c'est ton neveu !... Balochard va me renseigner. (*S'arrêtant.*) Au fait non ! j'aime mieux tenter l'expérience, je préfère que ce soit mon cœur qui me pousse vers lui...

GEORGES, *entrant.*

Je suis d'une impatience... Tiens ! Monsieur Dupiton ! Comment allez vous ?

DUPITON, *radieux.*

Je vais bien. Je n'ai jamais si bien été, j'irai toujours bien maintenant...

GEORGES

Qu'y a-t-il donc?

DUPITON

Ah! si tu savais!... mais cela doit se lire dans mes yeux! Tu ne lis rien dans mon œil?

GEORGES

J'y lis... que vous avez reçu un formidable pain...

DUPITON

Un pain?

GEORGES

Un pain noir même!

DUPITON

Ça se voit toujours?

GEORGES

Si ça se voit!

DUPITON

Je vais le bassiner de nouveau alors...

GEORGES, *à part.*

Bassiner! En voilà un qui s'y entend!

DUPITON

Ah! dis-donc? tu m'as appelé raseur tout à l'heure, ce n'est pas gentil!

GEORGES

Moi, Monsieur Dupiton!

DUPITON

Oui, oui, toi : un autre jour je t'aurais allongé les oreilles mais aujourd'hui je ne pourrais pas. Je te pardonne, je me sens bon, je nage dans la joie, je marche dans l'extase, je... vais aller bassiner mon œil! (*Il entre à droite.*)

5

SCÈNE XIV

GEORGES, *seul*, PUIS CYPRIEN, PUIS SOSTHÈNE

GEORGES

Mais qu'a-t-il donc ? Je ne l'ai jamais vu dans un état pareil !

CYPRIEN, *passant la tête au fond.*

Dupiton n'est pas là ?

GEORGES

Non, il bassine...

CYPRIEN

C'est fait, voici tes 2000 francs !

GEORGES

Je puis les accepter... sans... remords ?

CYPRIEN

Pour qui me prends-tu ?

GEORGES

Merci, merci, je crois rêver ! Donne-moi maintenant l'explication du rébus ?

CYPRIEN, *tirant la fausse barbe de sa poche.*

L'explication... la voici...

GEORGES

Je ne comprends pas ?

CYPRIEN

Dans une demi-heure tu sauras tout, et tout cela te semblera clair comme de l'eau de roche...

GEORGES

A ton aise ! (*Appelant à gauche.*) Sosthène ! Sosthène... Comme il se presse !

SOSTHÈNE, *passant la tête.*

Monsieur Dupiton n'est pas là?

GEORGES

Lui aussi?

CYPRIEN

Il bassine...

GEORGES, *à Sosthène.*

Voici deux mille francs...

SOSTHÈNE

Je ne demande rien...

GEORGES

Ce n'est pas pour vous!

SOSTHÈNE

Pourquoi me les donner alors?

GEORGES

Pour les remettre à un monsieur qui viendra aujourd'hui les réclamer...

SOSTHÈNE

Ah bon!

GEORGES

Il vous remettra en échange un billet.

SOSTHÈNE

Un billet de chemin de fer?

GEORGES

Non, un effet!

SOSTHÈNE

C'est donc un tailleur?

GEORGES, *à part.*

Quel âne! (*Haut.*) Il vous donnera un papier, un reçu, comprenez-vous?

SOSTHÈNE

Ah oui!

GEORGES

Vous me donnerez ce reçu, mais pas devant mon père?

SOSTHÈNE

C'est convenu.

GEORGES, *à Cyprien.*

Viens-tu dans ma chambre?
(*Cyprien et Georges sortent à droite, 2e plan.*)

SCÈNE XV

SOSTHÈNE *seul,* PUIS THÉOBALD.

SOSTHÈNE

Pourquoi ne remet-il pas lui-même les deux mille francs? Pourquoi? Enfin je veux bien lui rendre ce service. Quand on consent à servir à table, on ne regarde pas à si peu... (*On sonne, il va ouvrir.*)

THÉOBALD

Monsieur Georges Balochard?

SOSTHÈNE

C'est pas moi...

THÉOBALD

Je le vois bien. Où est-il?

SOSTHÈNE

Que lui voulez-vous?

THÉOBALD

Ça ne vous regarde pas.

SOSTHÈNE, *à part.*

Quelle politesse ! Et on donne les parisiens comme modèles ! (*Haut.*) Ne viendriez-vous pas par hasard pour toucher de l'argent?

THÉOBALD

Si fait !

SOSTHÈNE

Deux mille francs?

THÉOBALD

Deux mille francs !

SOSTHÈNE

Les voici.

THÉOBALD

Comment?

SOSTHÈNE

Ça vous étonne ?

THÉOBALD

Ça me surpasse ! Moi qui venais tout raconter au père !

SOSTHÈNE

Tout quoi !

THÉOBALD

Ça ne vous regarde pas, mon ami.

SOSTHÈNE

Encore !

THÉOBALD

Voilà un recouvrement inespéré ! (*Il se dirige vers la porte.*)

SOSTHÈNE

Monsieur...

THÉOBALD

Après ?

SOSTHÈNE

N'avez-vous rien à me donner ?

THÉOBALD, *cherchant.*

Non! Quoi donc?

SOSTHÈNE

Monsieur Georges m'a dit que vous me rendriez quelque chose...

THÉOBALD

Quelque chose à lui rendre? Ah! parfaitement! il y tient... essentiellement?

SOSTHÈNE

Oui, il m'a bien recommandé d'insister...

THÉOBALD

Je ne demande pas mieux. Où est-il?

SOSTHÈNE

Il m'a chargé de recevoir pour lui...

THÉOBALD

Et vous avez accepté?

SOSTHÈNE

J'y suis habitué.

THÉOBALD

C'est différent!... (*Il lui donne un soufflet.*) Voilà!

SOSTHÈNE

Par exemple! Monsieur!

THÉOBALD

Quoi encore...

SOSTHÈNE

Ce n'est pas une gifle que je demandais.

THÉOBALD

Expliquez-vous alors, je suis pressé.

SOSTHÈNE

Ah! vous êtes pressé...

THÉOBALD

Très pressé, en effet, maintenant que j'ai reçu,..

SOSTHÈNE

Moi aussi j'ai reçu... Ah! j'y suis, c'est justement un reçu que je dois vous demander?

THÉOBALD

Pardon... j'oubliais... voici... il y a eu malentendu. Veuillez recevoir mes excuses, mon ami, et présenter mes civilités à votre maître. *(Il sort.)*

SCÈNE XVI

SOSTHÈNE *seul*, PUIS DUPITON.

SOSTHÈNE

A mon maître? il me prend pour le domestique! Ah! c'est trop fort et ça ne peut pas durer comme ça, je m'insurge. (*Dupiton entre.*) Le tigre! (*Il veut se sauver.*)

DUPITON

Arrêtez, mon ami. Je ne vous veux aucun mal...

SOSTHÈNE, *à part.*

La crise est passée. (*Haut.*) Pourquoi tout à l'heure...

DUPITON

Je voulais vous demander un petit renseignement...

SOSTHÈNE, *à part.*

Drôle de façon de s'y prendre!

DUPITON

Voici ce dont il s'agit: je cherche quelqu'un qui

doit être chez mon ami Balochard et vous pourrez peut-être... Depuis combien de temps êtes-vous dans la maison ?

SOSTHÈNE

De . . .

DUPITON, *tressaillant.*

Depuis hier ! Vous dites depuis hier ?

SOSTHÈNE, *à part.*

Oh ces yeux ! On dirait que ça lui reprend ! (*Haut.*) Oui, depuis hier matin...

DUPITON

C'est lui ! il me ressemble ! je l'avais deviné ! Ah ! la voix du sang ! (*Se précipitant sur Sosthène.*) Enfin je le tiens donc !

SOSTHÈNE, *se sauvant.*

Au secours !

DUPITON, *courant après lui.*

Ne te sauve pas, mon enfant ! (*Il disparaît.*)

SCÈNE XVII

BALOCHARD *entrant avec* BENOIT.

BALOCHARD

Eh bien, vous commencez à vous y faire ?

BENOÎT

Ah ! oui dà ! faut bien se faire une raison !

BALOCHARD

Avez-vous vu Georges ?

BENOÎT

Pa-t-encore !

BALOCHARD

Oh ! pa-t-encore ! Zencore, pas zencore !

BENOÎT

Je dis bien — point zencore !

BALOCHARD

Enfin !

SOSTHÈNE, *entrant par le fond.*

Cette fois, je suis mort ! (*Il entre à droite 1er plan.*)

DUPITON, *le suivant.*

Arrête ! Arrête ! je n'en puis plus ! (*Il entre à droite 1er plan.*)

BALOCHARD

Encore ! Qu'est-ce qu'il y a donc ? (*Même jeu.*)

BENOÎT

Monsieur Balochard ! Monsieur Balochard ! (*Même jeu.*)

SCÈNE XVIII

DUPITON, SOSTHÈNE, *reparaissant au 2me plan.*

SOSTHÈNE

C'est fini ! Il va me tuer ! (*Il tombe sur le fauteuil.*)

DUPITON, *tombant sur la chaise.*

Ouf ! mon pauvre lumbago !

SOSTHÈNE

Je ne m'appelle pas lumbago !

DUPITON, *le prenant dans ses bras.*

Ah ! mon neveu ! mon cher neveu !

SOSTHÈNE

Je ne suis pas votre neveu ! Vous perdez la tête !

DUPITON

s si

SOSTHÈNE

Mais non !

DUPITON

Mais si.

SOSTHÈNE

Est-il entêté ? Puisque je suis le neveu de Monsieur Balochard !

DUPITON

Mais non !

SOSTHÈNE

Mais si !

DUPITON

Tu es fou. Tu es mon neveu Moulabrique !

SOSTHÈNE

Moulabrique ? Connais pas. Je suis le fils d'Anasthase Balochard, de Miradoux, département du Gers.

DUPITON

Je me suis trompé alors !

SOSTHÈNE

Ça m'en a l'air !

SCÈNE XIX

LES MÊMES, PUIS BALOCHARD, BENOIT.

BALOCHARD, *entrant.*

Eh bien ! qu'as-tu donc ? Que signifient ces courses à pied ?

DUPITON

Je vais t'expliquer. (*Apercevant Benoît.*) Un jeune homme ! ce doit être lui. (*A Benoît.*) Depuis quand êtes-vous chez mon ami Balochard ?

BENOÎT

Depuis que j'y suis-t-arrivé...

DUPITON

Depuis quand y êtes-vous arrivé ?

BENOÎT

Depuis hier...

DUPITON, *à part.*

Depuis hier ? Il me ressemble. Je l'ai deviné !

BENOÎT

Depuis hier matin...

DUPITON, *se précipitant.*

Ah ! la voix du sang ! Dans mes bras ! je suis ton oncle !

BALOCHARD, *le secouant.*

Tu es fou !

SOSTHÈNE

Prenez garde, il mord !

DUPITON

C'est mon neveu ! Je te dis que c'est mon neveu !

BALOCHARD, *navré.*

Ça y est, il est fou. Ça devait arriver d'un moment à l'autre !

DUPITON

Tu es bien mon neveu Moulabrique ?

BENOÎT

Je ne m'appelle pas Moulabrique !

DUPITON

Comment t'appelles-tu ?

BENOÎT

Benoît Grenu ! C'te bêtise !

DUPITON

BENOÎT

Vingt et un ans, pardine. L'âge à monsieur Georges, puisque je suis son frère de lait.

BALOCHARD

Là ! tu vois bien !

DUPITON

Vingt et un ans ! il est plus âgé... Ce n'est pas lui. Et cependant il doit être ici...

BALOCHARD

Voyons, calme toi !

DUPITON

Me calmer ! Quand je suis près de mon neveu !

SCÈNE XX

LES MÊMES, PLUS CYPRIEN ET GEORGES.

GEORGES

Qu'y a-t-il donc ?

DUPITON, *reconnaissant Cyprien.*

Mon voleur ! Ah ! coquin ! je te tiens donc enfin ! *(Il lui saute au collet.)*

BALOCHARD

Ah ! décidément il devient enragé ! (*Le secouant.*) Va chez Pasteur et lâche mon neveu...

DUPITON

Je te dis que c'est mon assassin!

CYPRIEN, *fièrement.*

Voleur, moi? Assassin, moi? Monsieur, on n'insu te pas impunement un oulabrique

TOUS

Moulabrique!

CYPRIEN

Mais oui, Moulabrique, fils d'Oscar Moulabrique et d'Antoinette Dupiton...

DUPITON

Mon neveu! c'est lui! je m'en doutais! Oh! la voix du sang! *(Il embrasse Cyprien.)*

BALOCHARD

Mais voyons, voyons. Est-ce moi qui suis fou ou vous autres? A qui le neveu? A qui le neveu? *(A Cyprien.)* Je ne suis pas votre oncle?

CYPRIEN

Mais non, monsieur Balochard. Il y a erreur...

BALOCHARD

Mais alors! où est-il mon neveu?

SOSTHÈNE

Comment où est-il? Mais me voilà!

TOUS

Lui!

SOSTHÈNE

Mais oui, moi. Vous le savez bien!

BALOCHARD

Du tout, du tout. Et moi qui le prenais pour mon domestique !

SOSTHÈNE

Par exemple !

[illegible]

Dans mes bras alors et pardonne-moi. Retire cet habit, mets ta redingote. Allons, ouste !

SOSTHÈNE

Tout à l'heure ! Si ça fait plaisir à monsieur. (*A part.*) J'ai bien fait de ne rien écrire à papa ! (*Passant derrière Balochard, à Georges. Haut.*) Voilà le papier en question...

BALOCHARD

Quel papier?

GEORGES

Rien, rien. (*A Sosthène.*) Je t'avais dit de ne rien dire devant lui.

SOSTHÈNE

Eh bien ! Je suis derrière ! A propos, j'ai un soufflet à te remettre.

GEORGES

Je t'en fais cadeau ! (*On sonne*).

BALOCHARD

Je vais aller voir. (*Il sort.*)

DUPITON

Et l'on dit du mal des agences ! Mais sans elles je n'aurais pas mis la main sur mon neveu !

GEORGES

Comment cela?

DUPITON

Tout à l'heure un agent est venu me prévenir que Cyprien Moulabrique se trouvait ici...

CYPRIEN, *bas à Georges.*

L'agent c'était moi...

DUPITON

Ça m'a coûté 1999 francs 95 centimes, mais je ne les regrette pas. (*Il serre Cyprien dans ses bras.*)

GEORGES

Je comprends...

BALOCHARD, *rentrant.*

C'est le domestique qui se présente, il n'a pas pu venir hier. Mais le déjeuner est servi...

SOSTHÈNE, *rectifiant.*

Madame est servie!

BALOCHARD

A table! mes amis... Le bras aux neveux!

DUPITON, *poussant un cri.*

Ah! une idée!

BALOCHARD, *tressaillant.*

Pas si fort! voyons... tu m'as fait peur!

DUPITON, *à Sosthène.*

Comment se fait-il que ma tabatière...

CYPRIEN

Je la lui avais donnée... pour m'en débarrasser.

SOSTHÈNE

Tenez, la voilà!... j'en ai assez de votre tabatière!

BENOÎT, *riant.*

Elle vous a fait passer à tabac!

DUPITON, *attendri.*

Sans ce petit morceau de métal je n'aurais jamais retrouvé mon neveu! Aussi je ne m'en séparerai jamais : je vais la faire monter en épingle de cravate! Et maintenant à table mes amis! Pour fêter ce beau jour, c'est moi qui paie le champagne!

TOUS

Vive monsieur Dupiton!

FIN.

www.ingramcontent.com/pod-product-compliance
Lightning Source LLC
LaVergne TN
LVHW010617110826
845149LV00003B/947